PALOMA BLANCA

Ilustrações: PAULA KRANZ

E SE EU SENTIR...

FRUSTRAÇÃO

Ciranda
na Escola

Dados Internacionais de Catalogação na Publicação (CIP) de acordo com ISBD

B236s   Barbieri, Paloma Blanca Alves

E se eu sentir... frustração / Paloma Blanca Alves Barbieri ; ilustrado
por Paula Kranz. — Jandira, SP : Ciranda na Escola, 2024.
32 p. : il. ; 24,00cm x 24,00cm. — (E se eu sentir...)

ISBN: 978-65-5384-206-9

1. Literatura infantil. 2. Sentimentos. 3. Emoções. 4. Psicologia. 5.
Saúde. I. Kranz, Paula. II. Título. III. Série.

CDD 028.5
CDU 82-93

2023-1460

Elaborada por Lucio Feitosa - CRB-8/8803

Índice para catálogo sistemático:
1.   Literatura infantil 028.5
2.   Literatura infantil 82-93

Ciranda na Escola é um selo do Grupo Ciranda Cultural.

© 2024 Ciranda Cultural Editora e Distribuidora Ltda.
Texto: © Paloma Blanca A. Barbieri
Ilustrações: © Paula Kranz
Editora: Elisângela da Silva
Revisão: Fabiana Oliveira e Daniela Mendes
Projeto gráfico e diagramação: Natalia Renzzo
Produção: Ciranda Cultural

1ª Edição em abril de 2024
3ª Impressão em 2025
www.cirandacultural.com.br

As emoções são as cores da alma. São espetaculares e incríveis. Quando você não sente, o mundo fica opaco e sem cor.
William P. Young

Dedico este livro à minha gigantesca família (em especial, à minha mãe, Creusa), que me proporcionou e ainda proporciona as mais lindas e diferentes emoções!

4

SEMPRE QUE AS COISAS NÃO SAEM COMO EU ESPERO, UMA **EMOÇÃO** BASTANTE DESAFIADORA SURGE DENTRO DE MIM.

ELA COSTUMA ME DEIXAR **IRRITADO**.

E, MUITAS VEZES, ME FAZ ESPERNEAR,
CHORAR E GRITAR.

ESSA EMOÇÃO É A
FRUSTRAÇÃO!

A **FRUSTRAÇÃO** SURGE EM VÁRIAS SITUAÇÕES DO MEU DIA.

QUANDO ESTOU NA CASA DO MEU AMIGO E
CHEGA A HORA DE IR EMBORA, POR EXEMPLO.

QUANDO EU QUERO APRENDER ALGO NOVO,
MAS NÃO CONSIGO.

14

— VAMOS TENTAR OUTRA VEZ?

15

QUANDO EU QUERO MUITO UMA COISA...

... MAS ME DIZEM **NÃO**.

E QUANDO UM IMPREVISTO ACONTECE E ATRAPALHA OS MEUS PLANOS.

— SINTO MUITO, QUERIDO. MAS VAMOS À PRAIA OUTRO DIA.

PARA LIDAR COM A **FRUSTRAÇÃO**,
A MAMÃE SEMPRE SABE COMO ME AJUDAR.

ELA ME **ACOLHE** QUANDO PRECISO...

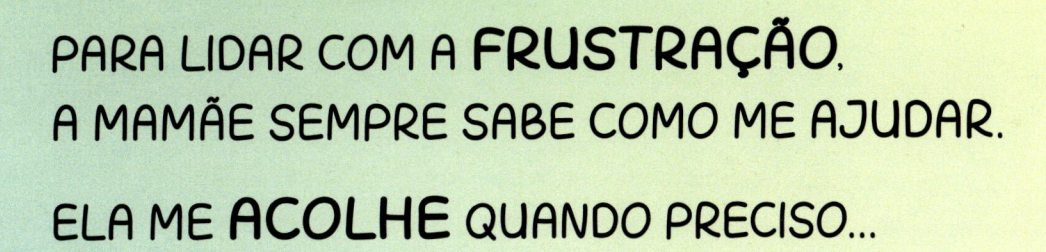

... OU ME DÁ TEMPO E ESPAÇO, PARA EU RESPIRAR FUNDO E ME **ACALMAR**.

SENTIR **FRUSTRAÇÃO** NÃO É NADA LEGAL, MAS O PAPAI DIZ QUE ESSE SENTIMENTO PODE NOS ENSINAR UMA VALIOSA LIÇÃO:

24

— MEU FILHO, NEM TUDO O QUE QUEREMOS É NECESSÁRIO OU SIGNIFICA QUE É BOM.

25

APESAR DE SER UMA EMOÇÃO **DESAFIADORA**, DESCOBRI QUE A FRUSTRAÇÃO ENSINA A SERMOS FORTES, COMPREENSIVOS E CRIATIVOS, PARA LIDAR COM OS DESAFIOS QUE SURGIRÃO PELO CAMINHO.

COMO VOCÊ SE SENTE HOJE?

PREOCUPADO

FRUSTRADO

FELIZ

COM RAIVA

ANSIOSO

TÍMIDO

FALE UM POUCO SOBRE O QUE VOCÊ ESTÁ SENTINDO AGORA.

FALANDO SOBRE A FRUSTRAÇÃO

A frustração é um sentimento que costuma surgir quando as coisas não acontecem como gostaríamos. Que tal refletir um pouco sobre essa emoção?

- Em quais situações você sente frustração?
- Como você age quando sente essa emoção?
- Quando foi a última vez que você se sentiu bastante frustrado?
- Como era a sensação?

A frustração, apesar de ser uma emoção frequente no dia a dia de todos, crianças e adultos, costuma ser bastante desafiadora. Afinal, é extremamente doloroso quando as coisas não saem do jeito que queremos ou esperamos.

Permitir que as crianças sintam frustração pode ser um desafio ainda maior para os adultos, pois sempre queremos protegê-los de possíveis aflições e tristezas. Porém, quando possibilitamos que a criança lide com essa emoção, estamos preparando-a para enfrentar as adversidades da vida. E esse é o melhor presente que podemos dar às nossas crianças.

CRIANÇAS, ANIMAIS E SENTIMENTOS

Toda criança se sente fascinada pelos animais de estimação, e não é para menos, pois, além de serem queridos, bons amigos e trazerem muita alegria para o lar, eles melhoram a saúde e trazem uma deliciosa sensação de bem-estar.

Conviver com um animal de estimação, seja um gatinho, um cachorro ou um coelho, pode ensinar às crianças valores muito importantes, como paciência, respeito, gentileza, afetividade e responsabilidade.

Sendo os animais seres que não têm nenhum tipo de preconceito ou maldade, as crianças encontram neles a confiança e a autoestima de que precisam para solucionar seus conflitos e, inclusive, lidar com seus próprios sentimentos.

UM RECADO PARA A FAMÍLIA

A descoberta dos sentimentos pode ser um momento surpreendente e difícil para as crianças, principalmente porque nem sempre elas sabem como expressar o que estão sentindo. Por isso, a proposta deste livro é mostrar aos pequenos como e quando o sentimento da frustração aparece e o quanto é importante vivenciá-lo em todos os momentos.

Nesse processo de descoberta das emoções, a família e os educadores são convidados a enxergar o sentimento da frustração sobre um outro olhar: o da criança! Afinal, os pequenos têm uma visão única e especial sobre tudo o que acontece à sua volta.

Lidar com alguns sentimentos não é nada fácil, seja para o adulto, seja para a criança. Por isso, quanto mais cedo os pequenos entenderem suas emoções, mais rapidamente eles desenvolverão autonomia e confiança, habilidades essenciais para trilhar essa incrível jornada que todos compartilhamos: a vida!

PALOMA BLANCA nasceu em uma cidade litorânea de São Paulo. Apaixonada pela linguagem, decidiu se formar em Letras e se especializar em Tradução e Ensino. Ela sempre gostou de escrever, desde criança; em suas histórias e poesias costumava falar sobre tudo o que sentia, pois, na escrita, encontrou a oportunidade perfeita para descobrir e compreender seus sentimentos. Escrever este livro foi um verdadeiro presente, que ela quer compartilhar com todas as famílias, especialmente com as crianças, que (assim como ela, em sua infância) desejam aprender a lidar com esse turbilhão de emoções que surge ao longo da vida.

PAULA KRANZ é mãe de duas lindas meninas. Logo que se tornou mãe, diversos sentimentos invadiram seu coração. E teve a oportunidade de transformar todo o medo, a tristeza, a raiva e a imensa felicidade que sentiu em sensações que a fizessem crescer como pessoa. Assim, junto de suas meninas, voltou a viver nesse mundo lúdico da infância. Nos últimos anos, além de brincar de comidinhas, poços de areia e desenhar garatujas, se especializou em livros infantis; e lá se foram diversos livros publicados com os seus desenhos. Cada vez mais está repleta de sonhos e de vontade de mostrar a delicadeza e a leveza da infância, ilustrando a magia, o brilho nos olhos e a forma única de ver o mundo que as crianças compartilham todos os dias conosco.